JN108546

Imagine

John Lennon の「Imagine」を聞いたのは、
10 歳の時だった。

叔父と車で白川郷へ向かっていた。

Imagine there's no countries
想像してごらん 国なんて無いんだと

It isn't hard to do
そんなに難しくないでしょう？

Nothing to kill or die for
殺す理由も死ぬ理由も無く

And no religion too
そして宗教も無い

Imagine all the people
さあ想像してごらん みんなが

Living life in peace
ただ平和に生きているって...

You may say I'm a dreamer
僕のことを夢想家だと言うかもしれないね

But I'm not the only one
でも僕一人じゃないはず

I hope someday you'll join us
いつかあなたもみんな仲間になって

And the world will live as one
そして世界はきっとひとつになるんだ

「僕を何かして…」

叔父が訳してくれるその歌詞を聴きながら、

涙を堪えていたのを覚えている。

高校2年で、イタリアに1年留学した。

成長期ということもあり、
毎日スーパーに通って、食べ物を買って帰る。

「君は中国人か？ちょっと分けてくれよ」

いつもスーパーの前に立っている、
ニコニコした黒人の男が話しかけてきた。

どうやら彼は、アフリカのウガンダから来たらしい。

「ウガンダには仕事がなくて、仕方なく出稼ぎに来たんだ。
でも仕事がなくて人から頂いたもので生活するしかないんだ」

そんな話を聞いて、
私はウガンダに仕事をつくりに行くことを決意する。

貧困を救うには、お金の寄付でもない、物資の支援でもない。
仕事を生み出すことが大事なんだ！

「何をしたら良いのか」
と今まで悩んでいた自分に、
パッと光が差したような感覚だった。

大学2年生で、
ウガンダでの創業資金を集め、
孤児院で養鶏事業を立ち上げることに。

文部科学省のトビタテ留学 Japan にも合格し、
ウガンダに養鶏場を建て、半年間運営することになった。

Action

5人乗りのセダンに12〜17人ほど乗車しながら、
ウガンダの首都カンパラから約5時間。

水道も電気もガスもない孤児院にやってきた。

到着してすぐに、カルチャーショックを受けた。

「ヘイ！日本から来たのか？兄弟は何人だ？」
と尋ねてきた。

「2人だね」
そう答えると、

「え！1人死んだら1人しか残らないじゃん！どうするんだ？」

彼らにとって、"死"はとても近い存在なのだ。

食べ物はいつも、
トウモロコシの粉（コーンスターチのようなもの）と、
お湯を混ぜて作った主食のポショと、豆のスープ。

多い時は朝昼晩の３食、この料理を１ヶ月半食べ続けた。

栄養が無いからか、免疫力も失われてマラリアになった。

実は、マラリアになると人気者になれる。
お金を持っている外国人は格好の的だからだ。

「You've got malaria? Oh~, That's too BAD~~~, come here to my hospital」
とニコニコして寄ってくる。

何が That's too bad だ。
こっちは全身痛みに襲われているというのに、
君は超嬉しそうじゃないか。

マラリアには直接関係ない薬も買わされたが、
村の人気者になった気分を味わうことができる。

ただ、みんながウガンダに行った際は、
違うことで人気者になってもらいたい（笑)

私が過ごした孤児院は、
圧倒的に女の子が多い。

後で分かったが、
自給自足の村では、
水を運んだり、木を切ったり、力仕事が多い。

そのため、家で子供が産まれても養育費が払えない場合、
男の子を家庭に残して、
女の子を孤児院に出す決断をする家庭が多いようだ。

１日のスケジュールはこうだ。

4:30：起床

5:00：鶏舎掃除、水・餌やり

7:00：農作業（とうもろこし、豆、キャッサバ収穫、雑草刈り）

10:00：水汲み（25Lの水を２つ抱えて、片道20分）

11:00：昼ごはんの支度（薪割りなど）

12:00：昼ごはん

17:00：サッカーのコーチ or 養鶏の餌仕入れ、卵販売をしに街へ

20:00：夜ご飯

22:00：就寝

昼ごはんから夕方までは、特に何もしない。

なぜか？
暑いからだ。

暑い時間帯に動くと水をいっぱい飲んだり、
エネルギーを使うのであまり動かない。

発展途上国を救うのは、
仕事をつくることだと信じてウガンダにやってきた。

ふと、自分の日本での生活を見直す。

ウガンダにくる前、
養鶏場では服が汚れるからと、安い服を買って持ってきた。

しかし、この安い服こそ、
途上国の安い労働力によって成り立っている。

もちろん、それでも彼らに仕事を与えているという面では素晴らしい社会貢献だが、我々先進国の人間がその安い服に依存する限り、彼らの労働に対する対価は一向に上がらず、むしろ下がっていく。

そんな複雑な世の中で作られたこの服を着て、
私は貧困を救うと豪語していた。

なんだか恥ずかしく思えてきた。

私たちは、世界の紛争の状況をスマホやPCを通じて知る。

ウガンダの隣の国、コンゴでは、レアメタルを巡って、
紛争やレイプ、児童労働の問題が起きているらしい。

レアメタルは、
私たちのスマホに使われている資源でもある。

こうした最先端機器によって、
私たちは世界各国の情報を手に入れられる。

また複雑な気持ちになった。

私は遠いウガンダで、
日本での生活との繋がりを感じていた。

街に出ると、9割ぐらいが日本の中古車だ。

「右へ曲がります、ピロピロピロ〜ン」
そんな音を出しながら赤土の上を走るトラックすらある。

毎日大渋滞の都市部。
税金がうまく回らず、道路がない中で車を輸入し、販売する。

リサイクルとも言えるのだろう、
一方では渋滞の引き金とも言えるだろう。

自分が良いと思ったことでも、
色んな弊害が生まれていることを知る。

「仕事をつくれば、皆救われる」

そんな想いひとつでやってきた私は、
ウガンダの山奥で、
いつも夜空に広がる天の川を見つめながら、
自分の小ささを痛いほど感じていた。

いつも街に出る時には乗り合わせタクシーを使う。

5人のセダンに13人以上集まらないと出発してくれない。
タクシー待ちの時、いつも近くの店でミルクティーを飲む。

「リキ！（私の愛称）彼女はいるの？？え、いないの！きゃー」

とかなんとか言って、いつも楽しませてくれる店主。

振る舞ってくれるパンケーキには、
いつも砂が混じっているが、味は美味しい。

THINKING

私は、日本という民主主義の国で育った。

日本の民主主義も色々言われるが、
一人一人にちゃんと投票権があって、情報にもアクセスできて、
民意が反映されるようになっている。

ウガンダにも投票はある。

だが、地方では情報がない。

電気が通っていてもテレビなど買えない。

文字が読めない人たちは、新聞も読めない。

そもそも国の共通語として英語が挙げられているが、
植民地支配の影響だけで、
地方に行くと英語を喋れない人も多くいる。

そんな人たちに、どう情報を伝え、投票してもらうのか。
「なぜその人に投票したの？」と聞くと、

「だってイケメンだもの」と答える人もいた。

民主主義が絶対的に良いとは言えない環境があることも知った。

先進国の我々の押し付けや、
エゴで動いている部分が多くあることに気づいた私は、
日本で暮らしていた時の自分の生活から見直そうと考えるよう
になった。

自分が買う商品はどこからきたか。
自分が食べているものはどこで作られたものか。

グローバル社会の中では、
一人一人の消費行動が世界を動かしているからだ。

自分と日本。
自分と世界。

その繋がりを意識して生きることで、自らの行動が変わり、
人生、そして世界をより良くしていくのだ。

Message

私が大学2年生の時、
"意識"というものは、自分の行動に影響を与えているのでは
ないかと考えるようになった。

例えば、「地球を綺麗にしよう」と思っている人は、
ポイ捨てなんかしないだろう。

「困っている人を助けよう」と思っている人は、
助けが必要な人に声かけをするだろう。

今、世界に生きる一人一人が、
世界に対して何かひとつメッセージを持っていたら、
きっと素敵な世界になる。

そう思った私は、
世界と自分との繋がりを意識するきっかけになるように、
「世界に伝えたいメッセージ」を聞いて回ることにした。

３年の歳月をかけて世界中、
色んな人に声をかけ、
写真集「世界が世界に伝えるメッセージ」
が完成したのである。

世界が世界に
伝えるメッセージ

あなたは自分自身の
人生をコントロールできる。

Tu hai il controllo della tua vita

自分の持っていることの
すべてに感謝を。

Sii GRATO

世界を愛し、
世界を変える。

Ama e Cambia il mondo

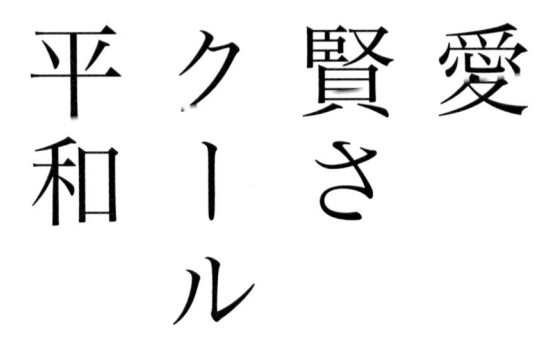

愛
賢さ
クール
平和

Ama e Cambia il mondo

社会的 (SNS など) ではなく、
社交的にいよう。

SIATE MENO SOCIAL, E PIÙ SOCIEVOLI

山は一歩ずつ登るんだ。

LE MONTAGNE SI SCALANO UN PASSO ALLA VOLTA

人生が与えてくれる
些細なことにも、
私たちは感謝すべきだ。

Si dovrebbero apprezzare di più le piccole cose che la vita ci offre

Si dovrebbero apprezzare di più le piccole cose che la vita ci offre.

L' oceano é fatto di
milioni di gocce d'acqua,
eppure è una cosa
sola !

♡

海は一つであっても、
海は何千何万という
水滴からできている。

**L'oceano é fatto di milioni di gocce d'acqua,
eppure é una cosa sola!**

平和を願おう、
戦争じゃなくて。

FATE LA PACE, NON FATE LA GUERRA!

È quando ci sentiamo
infinitamente distanti e
diversi che guardando ie
cielo sopra di noi ci riscopriamo
improvvisamente vicini e simili,
uniti da un wore che cerca
AMORE

私たちが物凄く違って見えたときも、
遠く離れていると感じた時も、空を見て。
私たちの上には同じ空があるって思ったら、
急に私たちが近く感じて、似たように思える。
"愛"を探す者同士。

É quando ci sentiamo infinitamente distanti e diversi
che guardando il cielo sopra di noi ci riscopriamo
improvvisamente vicini e simili,
uniti da un cuore che cerca AMORE!

皆、何が何か分かっていない争いをしている。
優しくあろう、いつまでも。

Everyone is fighting a battle you know nothing about...
BE KIND always.

SIATE COMPASSIONEVOLI.

私たちは "思いやり" がある。

Si può essere
FRATELLI
anche a 10.000 Km
di distanza

たとえ 10,000 キロ
離れていたって、
兄弟に変わりはない。

Si puó essere FRATELLI anche a 10,000km di distanza

EMPATIA

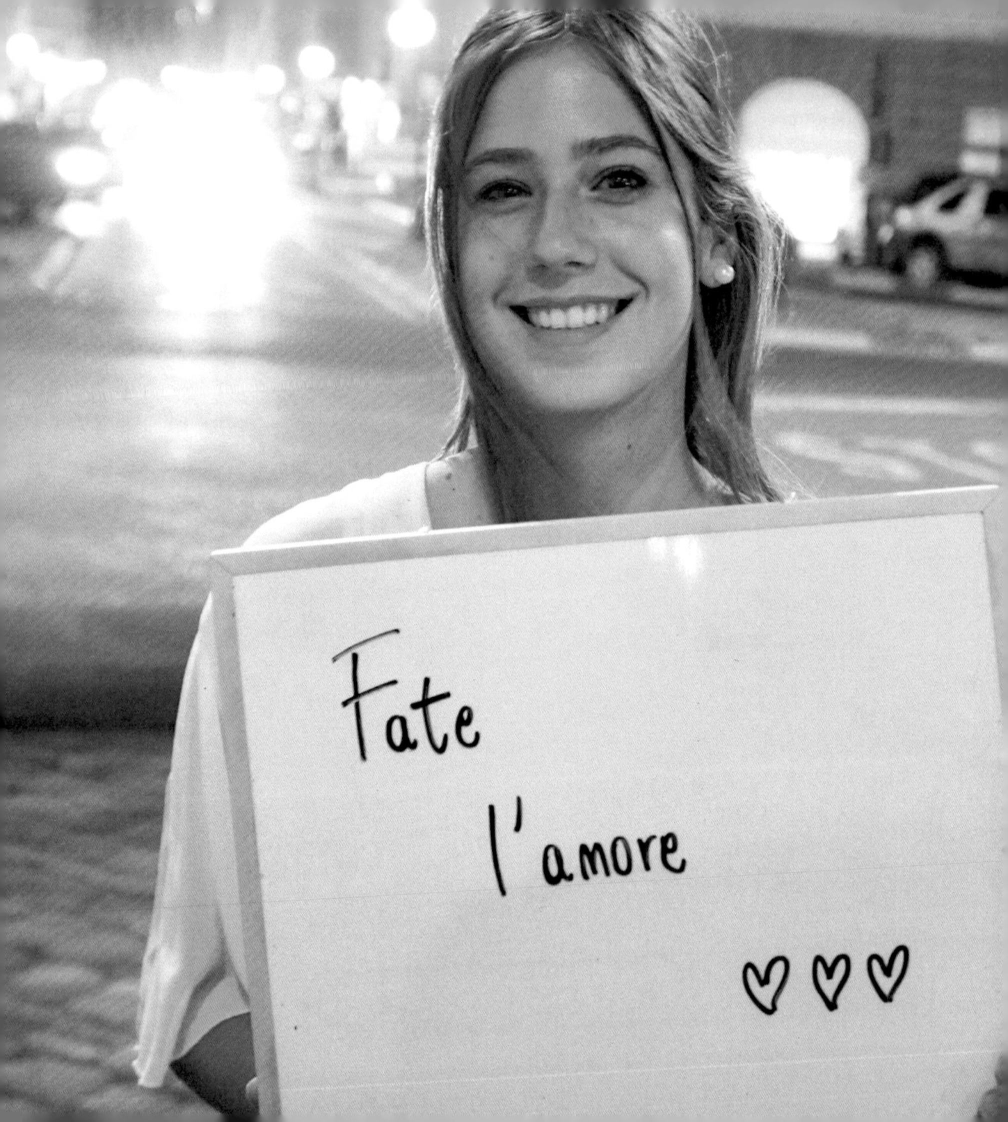
Fate
l'amore
♡♡♡

愛をしよう。

（セックスしよう）

Fate l'amore

いつも素敵なところを
見つけるようにしよう。

Guarda sempre il lato bello delle cose!

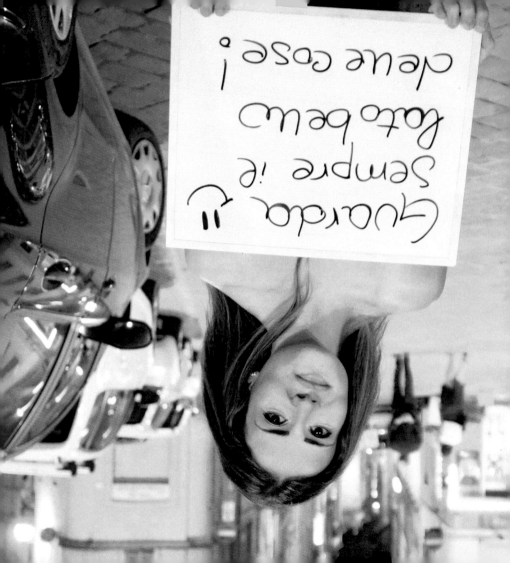

Scophire

諦米すること。

どんな時でも
笑っていられる理由を探して。

TROVA SEMPRE UN MOTIVO PER SORRIDERE

これほど大きな世界でも、
私たちは皆兄弟。

SIAMO TUTTI FRATELLI IN UN MONDO COSÌ GRANDE

あなた自身を信じて。
どんな時でも、ずっと。

何気ない瞬間でさえ味わって、
何事も当たり前だと思わないこと。

Assaporate ogni momento e non date nulla per scontato

どんな時だって人は
何かにもがいていて、
そしてまた、
何かに希望を持っているものだ。

C'È SEMPRE QUALCOSA PER CUI LOTTARE E IN CUI CREDERE

現代アートはモンスターなんかじゃない。
楽しもう！

L' ARTE CONTEMPORANEA NON È UN MOSTRO!!! ViViLA

他人を尊重すること。
でもまずは自分を。

RISPETTATE GLi ALTRi MA PER PRIMI VOi STESSi

自分を信じること、
周りの人に救いの手を伸ばすこと。
そして、
自分が助けて欲しい時に
その旨を伝える勇気を持つこと。

CREDi IN TE, AIUTA GLi ALTRi E TROVA IL CORAGGIO Di
CHIEDERE AIUTO QUANDO NE HAi BISOGNO

♡平和と平等

♡環境

（クマ、パンダ、トラ、ライオン）

♡近くにいる人

peace & equal environment(ted, panda, tiger, lion) neighborhood

周りの人を助けること、

地球を守ること、

平和。

Help Others Protect Earth Peace

薬を飲むな。

薬を飲むな。

Dump the potions Dump the potions

あきらめないで。

Never Give Up

この風変わりな世界で、
「普通の人」って決める私って、一体何？

Who am I to judge what an ordinary person is
in this extraordinary world?

テニス最高

Tennis is the Best

やあ！兄弟！

Hi! siblings!

何にだってなれる世界へ。
優しくあろう。

In a world where you can be anything, be kind

Le voyage forme
la jeunesse et
ouvre l'esprit.

旅は若者を鍛えて、
心を開き、視野を広げる。

Le voyage forme la jeunesse et ouvre l'esprit.

旅と出会いは
人生におけるとても豊かな経験である。

Le voyage, les rencontres, une experience très riche dans une vie

Le voyage, les rencontres, une expérience très riche dans une vie.

拒絕霸凌！

No abusement ♡

虐待はやめて。

拒絶霸凌

No abusement

皆が平和に暮らせたら、
私たちはもっと色んなことができる。

Wir könnten so viel erreichen,
wenn alle menschen in Frieden leben würden.

Wir könnten so viel erreichen, wenn alle Menschen in Frieden leben würden.

Schütze deinen Planeten
denn er ist der Grund
all deines Glückes.

地球を守ろう。

なぜならそれが私たちの使命だから。

Schütze deinen Planeten denn er ist der grund all deines Glückes.

バカはよして！
オープンマインドで！

Sei nicht dumm sei tolerant!

人権を尊重して。

Respect Human Rights

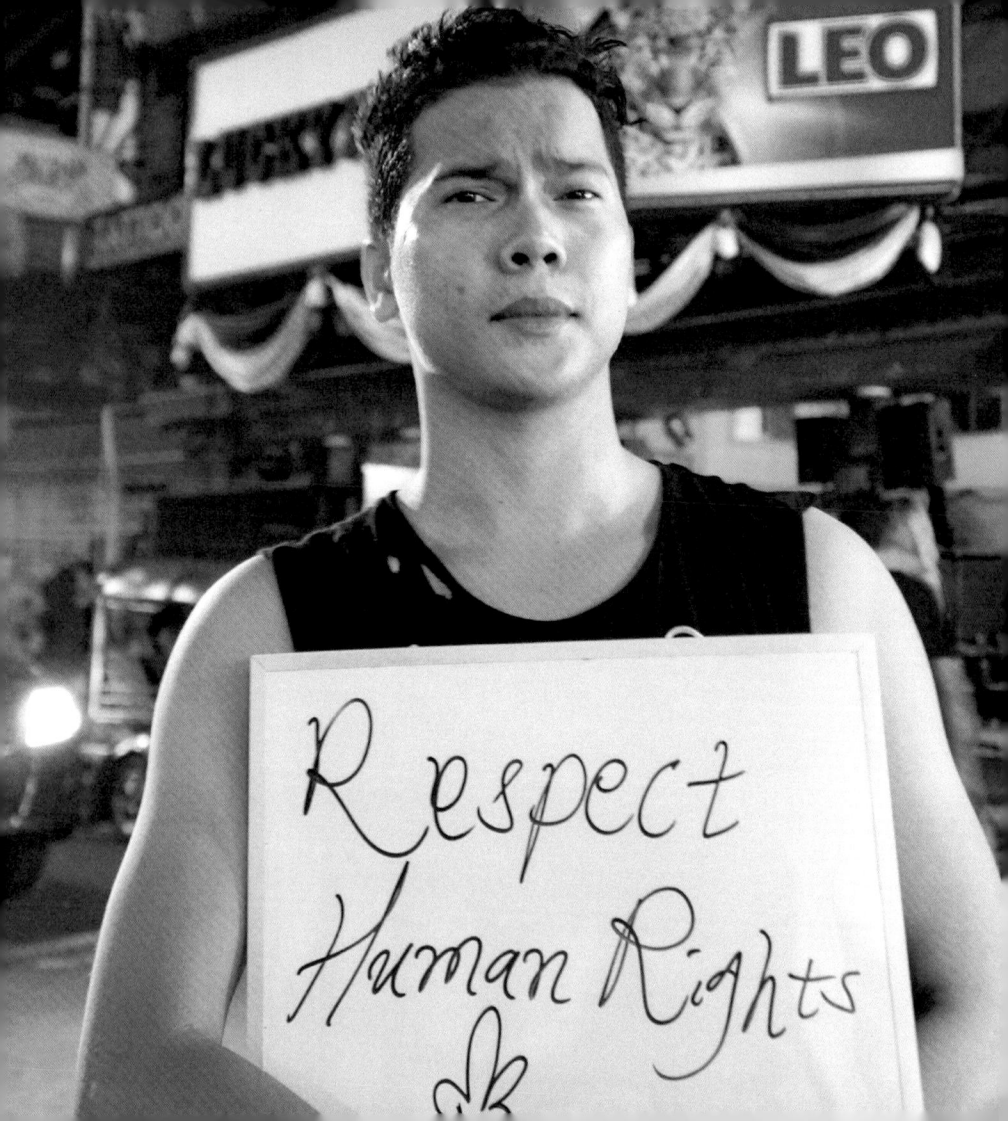

勝手に
判断するな！

Don't Judge!

複雑な世界を
気楽に生きよう。

복세편살

Lächle deinen
Gegenüber an,
dann wird es
zurück lächeln!
Das wird dich
glücklich
machen!

:)

目の前にいる人に笑顔を見せよう。

そうすれば笑い返してくれるから。

そしてこれがあなたの幸せを引き寄せるんだ。

Lächle deinen Gegenüber an, dann wird er zurück lächeln!
Das wird dich glücklich machen!

自分の周りの人に気を配ること。
そうすればきっとうまくいくから。

Pidä huolta itsestä ja toisista niin haikki järjestyy

どんな人も、皆平等。
お互い正直に、
そして希望を失わないこと。

ABAMANJA MUNGUMIKILIZEKO NANGE EMBERA
TENATELELA NEZIKOKOLIMA GALI MAJJI

あなたのルーツを忘れないで。
でも他の全てのものも受け止める。
手を取り合って、
私たちは皆同じボートに
乗っていることを忘れないで。

Denkt Immer Daran Woher Ihe Seid – Aber
Akzeptiert Auch Alle Anderen!
Seid Nett Zueinander,
Nehmt Rücksicht & Denkt Daran Dass Wie Alle
Im Selben "Boot" Sitzen!

DENKT IMMER DARAN
WOHER IHR SEID - ABER
AKZEPTIERT AUCH ALLE
ANDEREN! SEID NETT ZUEINANDER,
NEHMT RÜCKSICHT & DENKT
DARAN DASS WIR ALLE IM
SELBEN „BOOT" SITZEN!

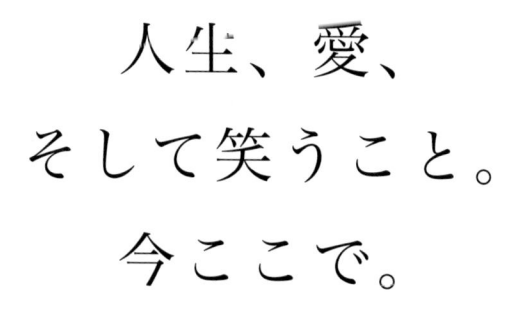

人生、愛、
そして笑うこと。
今ここで。

Lebe,Liebe, und Lache im hier und jetzt!

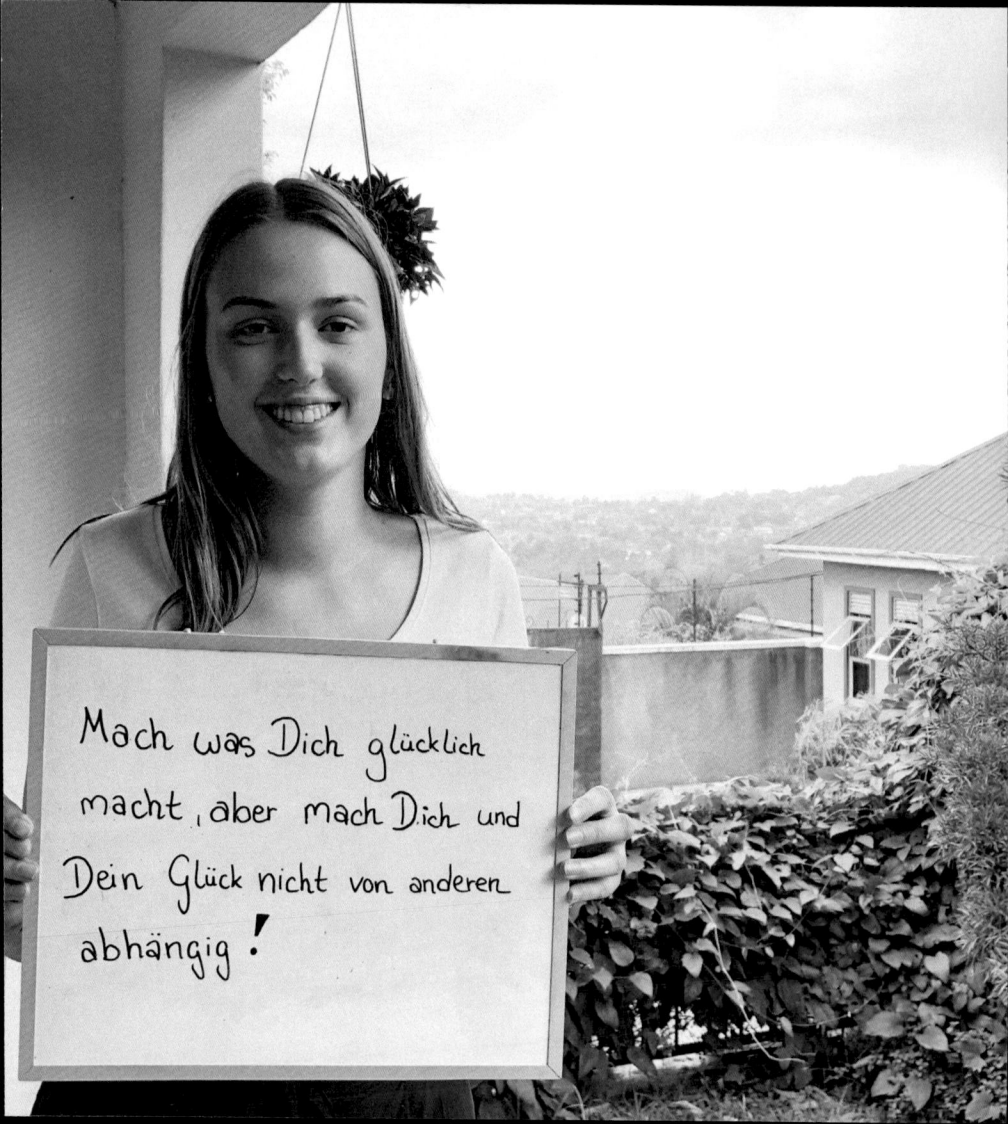

Mach was Dich glücklich macht, aber mach Dich und Dein Glück nicht von anderen abhängig!

あなたを幸せにするようなことをすること。
ただし、その幸せは他人に左右されないように。

Mach was Dich glücklich macht,
aber mach Dich und Dein Glück nicht von anderen abhängig!

気にしすぎず、
ワイルドで、わんぱくで、
素晴らしくあれ。

Lass dich nicht unterkriegen,
sei wild und frech und wunderbar!

世界を、
あなたが恋に落ちるような
場所にしよう。

Mache die Welt zu einer, in die du dich verlieben willst!

私たちは母国ウガンダで
どうしたら良いか困惑しているの。

As Uganda we need anybody who is out they to help
some young people from Uganda because we have no idea
what to do with our mother land

AS uganda we need any body who is out they to help some young people from uganda becouse we have no Idea what to do with our mother land

良い友達を作るのが大好き。
彼らは神様からの贈り物だから。

NJA GALANYO EMIKWANO EMIRUNGI KUBANGA BIRABO
OKUVA ERI KATONDA

NJA GALAMYO
EMIKIANO EMIKUMI
KUBANGA BIRABO
OKUVA ERI KATONDA.

" I LIKE MAKING GOOD FRIENDS.
C0Z THEY ARE GIFTS FROM
GOD "   GERTRUDE (UGANDA).

神様は偉大。
彼がいるから私たちは
生きていられる。

GOD IS GOOD, HE'S WHY WE ARE STILL BREATHING

殺害なんかやめるんだ。
もっと思いやりを持って。
母国ウガンダが空っぽになってしまうよ。

ABATTA ABANTU MUTUSASIRE MUTUMAZE
MU UGANDA BUGUBUGU SIMULIRO

ウガンダでは、
学校を燃やす事件が問題になっている。
悪心を持った人は今すぐ変わるべきだ。
あなた達は罪のない人たちを殺している。

OMULIRO OMULIRO GUFFUSE OMULILILO. ABANTU ABOKYA AMASOMELO
MWEDEKO MUSSE ABAANA BAFFE ABATALINA MUSANGO.

私たちはウガンダ人で良かった。
土壌が良いおかげで色んなフルーツもある。
是非みんなにもウガンダに来て欲しい

MU UGANDA TULI MA NNYO ERA TULIVA EBIBALA BINGI NGA KEDO,
EMIYEMBE, AMAPAPALI. KONOWEKA TOKA LINDA KUSABA TAAKA.

自営業はとても興味深いものだね。
マサンビヤ養鶏餌販売所

I am very much interested to be self employed
MASAMBYA POULTRY FEEDS

ハードワークは成功への鍵だよ。

だから私は父と仕事をするのが好きなんだ。

マサンビヤ養鶏餌販売所

HARD WORK IS THE KEY TO SUCCESS

THAT WHY I LIKE TO WORK WITH MY FATHER

MASAMBYA POULTY FEEDS

挑戦し続けること、
そうすればあなたの
行きたいところに行けるさ。
MFITEG

KEEP TRYING YOU WILL GET
WHERE YOU WANT
MFITEG

チャレンジする人を
応援する！

Epilogue

「世界の一人一人が世界に対して、何かひとつメッセージを持って今を生きていたら、どんなに素敵な世界になるだろう」

そんな想いから始まり、様々な国を回りました。
カメラが下手で写真がブレています。
しかし、彼らのメッセージは決してブレていません。

何を書かれようと、絶対に載せる。
メッセージは誰かに否定されるべきものではないのだから。

日本語訳も様々な形に相談しながら行いましたが、ほとんど私の意訳です。
あくまで参考程度に読んでいただければ幸いです。

私が回ったのは世界のほんの一部です。
メッセージで溢れるような世界になれば、
きっと素敵な世界になるはずです。

あなたなら、ホワイトボードに何を描きますか？

石崎陸

SPECIAL
THANKS

一般社団法人 MAST 支援会

http://mast-cps.org/

一般社団法人 MAST 支援会

＜法人概要＞
世界中の国や人々と連携し、あらゆるつながりを絆に支援活動を行なっています。

・ぬいぐるみ寄贈事業
ー捨てられない「ぬいぐるみ」をクリーニングして、世界中の子供たちに寄贈するプロジェクトです。

・ひのまるキッズ小学生柔道大会
ーアスリートサポートセンタートレーナーズ HINOMARU と連携して、「スポーツひのまるキッズ小学生柔道大会」に協賛し、東北復興支援プロジェクトを支援しています。

・児童養護施設への支援活動
ー子どもたちへは、アクシスメソッドによる「ひのまる体育塾」、職員さまへは、マキシマムステートプログラムによる体質改善ケアの支援を行なっています。

代表理事 小川 隆久（クリーンカンサイ株式会社 代表取締役）

THANKS

Ability	あっぷる
CAN	いっしー
Essen & Sasebon	飯山悟安
FOX	石崎梨乃
HIRO @ HIPPO	板井和弥
Yuri	市川経営コンサルティング
yorimichi	今井寿子
Yijie Lin	うめ
Jay	エスペランサ
JO	江戸喜多（肥後大俊）
Kamikakoi Kie	大野木諒
Kanta & Miwa	落合和紀・由紀子
Kurakura	折田伸昭
K.H.	折田玲子
MAYUKI ISHIMARU	かおりゃん
Mikumo	加籠六
Motohiro Munakata	株式会社 FP センター 専務取締役　大久保賢
Naoya Tsuji	金井楠世
NOZOMI CHIKADA	河内賢一
Office 環★ 55animo	川崎隆市
Salon de Nene J	岸澤 秀人
Sophia Yagi	岸田ハニー
Tomomi	木村 真勝
赤尾家	桑原かずまさ